RÉGLEMENT

CONCERNANT

LA CAVALERIE.

Du 10 Avril 1773.

DE PAR LE ROI.

SA MAJESTÉ voulant régler l'ordre de bataille de ses Régimens de Cavalerie, relativement à la nouvelle composition, déterminer les places que les Officiers & bas Officiers doivent y occuper, & renouveller ses intentions sur le maintien de l'Instruction, a ordonné & ordonne ce qui suit :

DE LA FORMATION.

ARTICLE PREMIER.

CHAQUE Compagnie, Escadron, ou Régiment, continuera, jusqu'à ce qu'il plaise à Sa Majesté d'en ordonner autrement , de se former sur deux rangs , toutes les fois qu'il montera à cheval ou qu'il prendra les armes à pied, ainsi qu'il est réglé par l'Ordonnance des manœuvres, du premier Juin 1766.

2. CHAQUE Compagnie étant formée en bataille sur deux rangs , sera divisée en deux divisions.

La premiere division comprendra le demi-rang de la droite, & la seconde division comprendra le demi-rang de la gauche.

3. LE premier Brigadier dans chaque Compagnie sera placé à la gauche, & le premier Carabinier à la droite du premier rang de la premiere division.

Le troisiéme Brigadier sera placé à la droite, & le troisiéme Carabinier à la gauche du second rang de cette premiere division.

Le deuxiéme Brigadier sera placé à la droite, & le deuxiéme Carabinier à la gauche du premier rang de la seconde division.

Le quatriéme Brigadier sera placé à la gauche, & le quatriéme Carabinier à la droite du second rang de cette seconde division.

4. LE premier Maréchal-des-logis sera placé à la droite, & le second à la gauche du premier rang de la Compagnie, formant chacun le Chef-de-file du Brigadier de l'aîle du second rang.

5. Le reste des files de chaque division sera composé, au premier rang, des Cavaliers les plus élevés, eu égard cependant à leur ancienneté & à leur intelligence, & au second rang, de ceux qui le seront le moins, ayant encore attention de placer au premier rang, & principalement sur les aîles, les chevaux qui y seront les plus propres.

6. Le Fourrier continuera d'être placé en serre-file, derriere le centre de la Compagnie, ayant la tête de son cheval à un pas de distance du dernier rang.

On suivra le même ordre pour la formation de toutes les Compagnies, sans aucune exception.

7. Les douze Compagnies dont est composé aujourd'hui un régiment, formeront trois Escadrons.

La premiere, la quatriéme, la septiéme & la dixiéme Compagnies formeront le premier Escadron, qui sera placé à la droite.

La deuxiéme, la cinquiéme, la huitiéme & la onziéme Compagnies formeront le second Escadron, qui sera placé à la gauche du premier.

La troisiéme, la sixiéme, la neuviéme & la douziéme Compagnies formeront le troisiéme Escadron, qui sera placé à la gauche du second.

A 2

8. **Chacune** de ces Compagnies sera placée dans l'Escadron dont elle sera partie, suivant son ordre d'ancienneté : c'est à dire, que la premiere ou plus ancienne Compagnie de chaque Escadron sera placée à la droite ; la seconde à la gauche de la premiére ; la troisiéme à la gauche de la seconde, & la quatriéme à la gauche de la troisiéme, sans aucune inversion quelconque.

9. **Le** Lieutenant de chacune des premiere & troisiéme Compagnies de chaque Escadron, se placera à la droite du premier rang, & le Sous-lieutenant à la droite du second.

Le Lieutenant de chacune des deuxiéme & quatriéme Compagnies de chaque Escadron, se placera à la gauche du premier rang, & le Sous-lieutenant à la gauche du second rang.

10. **Le** plus ancien des quatre Capitaines attachés à chaque Escadron, se placera à la tête de l'Escadron, ayant la croupe de son cheval un pas en avant du centre du premier rang.

Le second Capitaine se placera, en serre-file, derriere le centre de l'Escadron, ayant la tête de son cheval à deux pas de distance du dernier rang.

Le troisiéme Capitaine se placera à la

droite & le quatriéme à la gauche du premier rang de l'Escadron, à côté du Lieutenant.

11. CHACUN des Porte-étendards sera placé dans le second rang de la seconde Compagnie de l'Escadron, à la troisiéme file de la gauche.

12. LES trois Cavaliers dont les Porte-étendards occuperont la place dans le rang, & aussi ceux qui se trouveront surnuméraires de quelques Compagnies, après que les divisions auront été égalisées, serviront d'escorte aux timbales, sous les ordres du Quartier-maître, & seront placés sur un ou deux rangs, à la droite des Trompettes du premier Escadron.

13. LES quatre Trompettes de chaque Escadron seront placés sur deux rangs à la droite de leur Escadron, ou sur le même alignement ; ou si le Commandant juge à propos de les faire marcher tous à la tête du Régiment, ils se réuniront à la droite du premier Escadron où ils se formeront également sur deux rangs, le Timbalier au centre du premier rang, & seront alignés sur le premier Escadron.

14. LE premier Aide-major se placera à la droite du premier Escadron, & le second Aide-major à la droite du second, sur l'alignement du premier rang.

Le premier Sous-aide-major se placera à la droite & le second Sous-aide-major à la gauche du troisiéme Escadron, aussi sur l'alignement du premier rang, bien entendu que ces Officiers pourront vaquer où le bien du service l'exigera.

15. LE Mestre-de-camp, le Lieutenant-colonel & le Major continueront de se placer à la tête du premier Escadron, le Lieutenant-colonel à la droite, & le Major à la gauche du Mestre-de-camp, ayant la croupe de leurs chevaux à deux pas en avant de l'alignement de l'Officier de la tête de cet Escadron; bien entendu qu'ils pourront se porter par-tout où besoin sera.

16. LORSQUE le Mestre-de-camp & le Lieutenant-colonel jugeront à propos de prendre le commandement d'un Escadron, ils se placeront chacun à la droite du Capitaine qui sera à la tête de l'Escadron dont ils prendront le commandement.

17. LE Major devant veiller à toutes les manœuvres, & vaquer où le bien du service l'exige, ne prendra jamais le commandement particulier d'un Escadron ou d'une Troupe.

18. DANS le cas où l'un des Capitaines-commandans d'Escadron se trouveroit absent ou blessé, le second Capitaine de l'Escadron en prendroit aussitôt le com-

mandement ; mais lorsque le commande-ment d'un Escadron vaquera par mort, il appartiendra au plus ancien des neuf derniers Capitaines-factionnaires, qu'on fera passer au troisiéme Escadron avec sa Compagnie, à la premiere occasion où le Régiment montera à cheval.

19. TOUTES les fois qu'il y aura des Officiers ou bas Officiers absens, ils seront remplacés par le grade inférieur de la même Compagnie ; & lorsque le Capi-taine de serre-file d'un Escadron prendra, en l'absence du premier Capitaine, le com-mandement de l'Escadron, il sera remplacé successivement, soit en serre-file, soit dans le commandement, par le troisiéme Ca-pitaine, & celui-ci par le quatriéme.

20. LORSQUE l'un des Porte-étendards sera absent, il sera remplacé par le premier Maréchal-des-logis de la premiére Com-pagnie de l'Escadron où il manquera.

21. LORSQU'ENFIN le Fourrier d'une Compagnie se trouvera absent, le premier Maréchal-des-logis de la même Compagnie occupera sa place, & ainsi de suite.

22. LORS de l'assemblée du Régiment, & dans les cas de parade, les Officiers se placeront à la tête de leur Compagnie ; tous sur le même alignement, de même que les Officiers majors en avant de l'aîle de leur Escadron.

23. LORSQU'UN Régiment prendra les armes à pied, il sera formé, ainsi qu'il vient d'être prescrit, avec cette différence qu'il n'y aura ni étendards, ni timbales.

Les Porte-étendards se placeront en serre-file, chacun derriere leur Escadron, à deux pas du centre du dernier rang, & le Quartier-maître se placera à la gauche du troisiéme Escadron, sur l'alignement du premier rang.

A l'égard des Capitaines, ils se placeront tous à un pas en avant du centre de leur Compagnie.

24. TOUTES les fois que les Escadrons se rompront par Compagnie, pour marcher en colonne de route, le Capitaine, le Lieutenant & le Sous-lieutenant de chaque Compagnie marcheront à la tête de leur Compagnie, le Lieutenant à la droite & le Sous-lieutenant à la gauche du Capitaine; & le Fourrier marchera en serre-file.

DE L'INSTRUCTION.

25. LES Écoles d'équitation qui ont été établies précédemment ayant dû procurer à chaque Régiment un fonds d'Officiers & d'Eleves en état d'administrer les principes qu'ils y ont reçus, Sa Majesté a lieu de croire que les Commandans des Corps ont apporté tous leurs soins pour entretenir

dans chaque Régiment un fonds d'inſtruction ſuſceptible de ſe perpétuer, & Elle compte aſſez ſur leur zéle, pour ne rien négliger à cet égard.

L'intention de Sa Majeſté eſt pour cet effet qu'il ſoit entretenu dans chaque Régiment de Cavalerie une Ecole d'équitation particuliere, dont l'objet, ſera d'inſtruire les nouveaux Officiers & bas Officiers, & de former pour chaque Compagnie un nombre d'Eléves toujours en état d'y répandre les principes ſur leſquels ils auront été exercés.

Cette Ecole ſera dirigée par les Officiers & Eléves dont les talens ſeront reconnus : elle ſera diviſée en pluſieurs Claſſes qui ſeront exercées trois fois par ſemaine ; la derniere le ſera plus ſouvent, pour en hâter les progrés.

On n'y exercera au galop que les premieres Claſſes, & toujours en file, & l'on n'y fera exécuter que des manœuvres néceſſaires à la Cavalerie.

26. Le Commandant fera la plus grande attention à ce que les nouveaux Officiers & bas Officiers travaillent avec aſſiduité, & qu'ils parviennent, par leur application, au degré de connoiſſance qui leur eſt néceſ-ſaire, relativement à leur grade, pour exercer leur Compagnie, & inſtruire avec d'au-

tant plus de fuccés les Cavaliers de recrue.

27. L'ARRANGEMENT du travail pour l'équitation particuliere de chaque Compagnie, fera prefcrit par le Commandant. Les Cavaliers les moins intelligens, ainfi que les Cavaliers de recrue, y feront exercés & inftruits; mais les anciens Cavaliers & ceux qui auront fait fuffifamment de progrès, en feront exempts; ils n'y feront quelquefois affujettis que pour les entretenir & exercer leurs chevaux, lorfque le mauvais temps ne permettra pas de manœuvrer.

28. LE Commandant fera exercer chaque Compagnie féparément; & lorfque le terrein ou le mauvais temps ne le permettra pas, il fera raffembler plufieurs Compagnies, & à des heures différentes, au manége couvert, pour y être inftruites par les Officiers & Eléves qui y feront attachés.

29. LES Compagnies qui manqueront de fujets en état de donner leçon aux Cavaliers, feront raffemblées & exercées par les Officiers-majors & les Eléves que le Commandant défignera à cet effet.

30. LE Commandant veillera particuliérement à l'uniformité des principes, & à ce que les Cavaliers de recrue foient mis en état d'entrer dans l'Efcadron, après fix mois de leçon au plus tard.

31. LES vieux chevaux , & par préférence ceux qui feront deftinés à être réformés , feront employés à exercer les Cavaliers de recrue , tant pour la fûreté de l'homme , que pour tirer un refte de fervice des chevaux tarés.

32. LES chevaux de remonte qui feront trop jeunes, feront exercés en particulier avec beaucoup de précautions, peu fouvent & fans fatigue ; & il n'en fera mis aucun dans l'Efcadron , qu'à cinq ans faits.

33. IL fera établi, dans chaque Régiment de Cavalerie, une Ecole de théorie, pour inftruire les nouveaux Officiers & bas Officiers fur les principes généraux & les manœuvres prefcrites par l'Ordonnance. Cette Ecole aura lieu une fois par femaine, pendant les fix mois d'hiver ; & elle fe tiendra chez le Commandant, chez le Major, ou dans tout autre lieu defigné à cet effet.

34. SA MAJESTÉ défend très-expreffément à tout Meftre-de-camp ou autre Officier fupérieur, d'introduire dans leur Régiment, fous prétexte de l'inftruction des Officiers & bas Officiers, des méthodes ou abrégés de théorie, par demandes & réponfes : enjoignant Sa Majefté aux Commandans des Corps où ces méthodes fcolaftiques & fi contraires à l'uniformité générale auroient lieu, de fe conformer exclufivement

& avec la plus grande exactitude, aux principes établis dans l'Ordonnance des manœuvres.

35. VEUT en conséquence Sa Majesté, que les Inspecteurs généraux chargés de faire les revues d'inspection de sa Cavalerie, fassent, lors desdits revues, des examens très-scrupuleux à ce sujet, ainsi que du travail & des progrès de chaque Officier en particulier, & des bas Officiers & Eléves de chaque Compagnie, & qu'ils en rendent compte au Secrétaire d'état ayant le département de la Guerre.

36. SA MAJESTÉ se fera rendre compte des Officiers, bas Officiers & Eléves qui donneront des preuves de leur application, & qui, par leur zéle pour son service, contribueront le plus dans la partie de l'équitation à l'instruction générale ; son intention étant d'y avoir égard dans les circonstances qui se présenteront, pour leur procurer les graces & l'avancement dont ils feront susceptibles.

DES JOURS D'EXERCICES.

37. LORSQUE les nouveaux Officiers & Cavaliers de recrue seront parvenus au degré d'instruction néeessaire pour manœuvrer, alors ils ne seront plus sujets qu'aux exercices généraux de la Compagnie, de l'Escadron, ou du Régiment.

38. A commencer du premier Novembre jufqu'au premier Mai, on exercera les Compagnies une fois par femaine, dans les manéges couverts; elles y exécuteront au pas & au trot les manœuvres de détail, & feront commandées, en tout ou en partie, par les Officiers & bas Officiers: cet exercice durera une heure environ, mais pas plus d'une heure & demie.

39. PENDANT ces fix mois d'hiver, les Cavaliers feront exercés en particulier à l'efpadon deux fois par femaine, fur un cheval de bois, & jufqu'à ce que le Commandant les jugera affez inftruits.

40. INDÉPENDAMMENT de ces exercices de détail, lorfque le temps le permettra, on fera monter tous les quinze jours, le Régiment à cheval, pour faire une promenade à environ une lieue & revenir à fon quartier, afin d'entretenir les chevaux à marcher en troupe & les Cavaliers à bien marcher en colonne.

41. PENDANT le mois de Mai, on enverra au verd les chevaux qui en auront befoin, & on repaffera l'inftruction de chaque grade, en détail, d'abord au pas & fans fatigue; on fera commander les Brigadiers, enfuite les Maréchaux-des-logis & les Officiers, afin de s'affurer que chacun, fuivant fon grade, foit en

état de commander les manœuvres nécef-
faires.

Ce détail aura lieu deux fois par femaine,
& une heure chaque fois pour chaque
grade.

42. PENDANT les mois de Juin, Juillet
& Août, le Régiment manœuvrera deux
fois par femaine, au pas & au très-petit trot
pendant le premier mois, pour accoutumer les hommes & les chevaux à l'enfem-
ble, & éviter les accidens que pourroient
caufer d'abord des mouvemens trop pré-
cipités. Cet exercice durera trois heures
au plus, y compris le moment du départ
& celui du retour.

43. PENDANT ces trois mois, le
Meftre-de-camp fera monter fon Régiment
à cheval avec armes & bagages, une fois
tous les quinze jours, fans l'en prévenir,
pour l'accoutumer à charger & à être à
cheval promptement en temps de guerre;
lorfque les circonftances l'exigent : il
lui fera faire une promenade à une lieue
environ, & le raménera à fon quartier;
ce qui tiendra lieu d'une manœuvre.

44. LE Meftre-de-camp fera exercer de
temps en temps les Cavaliers des différentes
Compagnies, à la courfe des têtes, pour
les apprendre à conduire leurs chevaux feuls
& à fe fervir de leurs armes, ainfi qu'il

est prescrit par l'Ordonnance. Cet exercice tiendra également lieu d'une manœuvre.

45. LE mois de Septembre sera employé aux grandes manœuvres, lorsqu'il plaira à Sa Majesté de donner ses ordres pour rassembler & faire cantonner plusieurs Régimens sous les ordres d'un Officier général.

46. LE mois d'Octobre étant le moment du départ des Sémestriers, sera un mois de repos pendant lequel on promenera les chevaux.

47. IL suffira, quant aux exercices à pied & ainsi que le prescrit l'Ordonnance, de mettre les Cavaliers de recrue en état de monter la garde, sans les fatiguer en pure perte au maniement des armes, ni en exiger plus de perfection que celle de porter ses armes & de marcher avec aisance.

48. LES Commandans des Corps se conformeront, en ce qui ne sera point contraire au présent Réglement, à tout ce qui est prescrit par l'Ordonnance des manœuvres du premier Juin 1766.

49. L'INTENTION de Sa Majesté est que toutes ses Troupes de Cavalerie tant Françoises qu'Étrangeres se conforment, avec la plus grande exactitude, à ce qui est arrêté par le présent Réglement ; défendant aux Officiers généraux, aux Inspecteurs, aux Commandans des Places

& aux Commandans des Corps de ſouffrir qu'il y ſoit rien changé, augmenté ni retranché, en quelque maniére & ſous quelque prétexte que ce ſoit. FAIT à Verſailles le dix Avril mil ſept cent ſoixante-treize. *Signé* LOUIS. *Et plus bas* MONTEYNARD.

A METZ, chez JEAN-BAPTISTE COLLIGNON, Imprimeur-Libraire, à la Bible d'or. 1773.